우리글 자연에서 만나기

• 학령 전 유아들과 자연에서 한글 찾아보기 •

이 경 랑 저

신화 MB

목 차

들어가는 글

1982년 독일에서 발도르프교육에 대한 인연으로 1999년 한국에서 최초로 분당발도르프 교육현장을 설립하게 되었다.

독일 생활은 발도르프 교육을 만나도록 주어진 삶이었다.

1999년 기관설립이후 12년 동안의 활동을 '놀이와 놀잇감'이라는 책으로 정리하여 출판하였다. 그로부터 10년이 지난 2022년 '놀이와 놀잇감'을 썼던 시기와 다른 관점에서 아이들과 지내면서 얻은 경험에 대해 정리하게 되었다.

발도르프 교육이 무엇일까?

100년의 역사를 가진 발도르프 교육의 진정한 의미는 무엇일까?

1980년대 초 독일 발도르프 교육의 움직임은 조용하고 차분하지만 힘이 있었던 것으로 기억된다.

1995년 한국에 소개되어 지금은 발도르프 학교, 영·유아 기관 그리고 성인교육하는 단체도 많아졌다. 발도르프 교육이 한국에 소개된지 곧 30년이 되어가는 오늘날 무엇이 달라졌을까?

발도르프 교육을 제대로 이해한다면 인간에 대한 혜안을 아는 것이고, 한국 발도르프 정신은 공동체 유지를 위한 지혜라고 생각한다.

우리나라 정서에 맞는 발도르프 정신이 길러져 자연스럽게 우리네 생활 속에 스며들어 있어야 한다. 절대 방법론을 말하는 것이 아니다.

현재 우리나라에 살고 있는 아이들은 어떠한 환경을 가지고 있는가?

생각해 보자

조심스럽게 우리나라 학령전 아이들에게 한글 만날 기회와 환경을 만들어 주어야 하지 않을까 싶은 생각이 든다.

첫째, 인지교육을 너무 일찍 접한 아이들

둘째, 인지교육을 너무 늦게까지 경험하지 못 한 아이들

아이들에게 왜 그리고 어떻게 한글을 만나야 하는지에 대해 건강한 방법을 연구하여 나이에 맞는 건강한 사고력을 가질 수 있도록 이론적배경과 방법을 찾아 나름대로 제시하였다.

움직임을 통한 주변탐색과 건강한 신체발달이 이루어지고 신체발달의 마지막 신호인 이갈이가 만 4~5세 전후 시

작된다. 그리고 나면 바깥 놀이를 통한 자연과의 만남에서 자연스럽게 한글과 관련지어 탐색하도록 찾아본다.

자연에서 한글 탐색하는 교사의 주의력은 아이들의 생명력과 감성과 더불어 사고력에도 도움이 된다.

한글 수업의 생동감 그리고 자연스런 연결은 선과의 만남에서 시작한다.

선과의 만남은 한글 쓰기에 도움이 된다.

아이들의 신체발달을 먼저 고려하려 일반적인 키와 몸무게 그리고 전체적인 신장의 비율을 고려한 후 감각에서 감성으로 감성에서 사고로 나아가는 과정을 담고자 하였으며 그들에게 또래연령의 단합으로 공동체 생활을 유도하였다. 이러한 내용들은 어떠한 형식에 얽매이지 않게 자유롭게 담았다.

발도르프 교육에서 말하는 0~7세의 기본원리는 도서 놀이와 놀잇감을 참고하였고 한글에 관련된 이야기는 도서 '하늘에서 온 글, 한글'에서 참고하였다.

한글교육에 대한 진지한 생각은 2017년 양평 박규현 선생님을 만나고 부터 깊이 있고 심도 있게 연구시간으로 할애했고 일반적인 관점에서 접근하기 위해 강의 및 모임을 가졌었다. 이 자리를 빌어 함께 연구모임을 가졌던 김남숙 선생님, 유재연 선생님에게도 감사마음 전한다.

또한 이 책을 출판하게 도와준 도서출판 신화전산기획에 감사드리고, 용기와 격려로 지지와 무한한 사랑으로 응원하는 우리가족 : 아들, 딸 그리고 며느리와 사위에게 사랑하는 마음 전하고 싶다.

0~7세 교육에서 중요한 시기를 맞이하는 내 귀여운 손주들을 만나 가정교육의 어려움을 배우고 영·유아 교육에 대해 다시 새롭게 깨닫게 되어 신기하고 내 아이들 키울 때는 몰랐던 손주 키우는 맛을 경험할 수 있어 행복하다.

Ⅰ. 한글 만남 이렇게 준비해요.

놀이와 놀잇감 61p 아이들의 발달에 대해
참고하여 기본원리를 적었다.

1. 0~7세 기본 발달

- 0~1세 서기
- 1~2세 말하기
- 2~3세 생각하기
- 3~5세 상상력 발달
- 5~7세 논리적 사고의 기초가 되는 시기
- 모범으로 모방하기
- 반복과 리듬
- 움직임

0~7세 발달에 따라 0~3세, 3~5세, 5~7세로 세분하며 아이의 무의식 안에 잠재된 능력과 재능은 무궁무진하지만 그것들이 무엇인지는 우리는 아직 모른다.

아이의 신체 안에서 꿈을 꾸거나 잠을 자고 있기 때문일 것이다.

꿈을 꾸거나 잠을 자는 것들이 몸 안에서 놀라지 않도록 어떻게 도와줄 수 있을까? 조기에 인지가 깨어나면 마음과 몸 그리고 사회성은 어떻게 될까?

늦게까지 일상생활에서의 생각하기 조차 자극되어지지 않는다면 사회성은? 아니면 학습장애는?

1999년 발도르프 교육현장을 시작하면서 발도르프 교육에 대한 맹

신은 확고했다. 당시 아이들이 직면한 현실적인 문제를 직시하려고 하지 않았다.

4살에 입학한 아이들은 7살이 될 때까지 기관 생활에 충실하였다.

어떠한 설명도 어떠한 지식이나 정보도 전달하려 하지 않았다.

동화를 들려주어도 제목 없이 책도 없이 들려주었다.

그저 상상에 맡겼다. 아이가 알아서 모든 것을 알게 될 것이라 믿었다.

나는 아이들과 학부모들에게(도) 똑같은 말만 되풀이하며 반복하였다.

학습에 대한 흥미 없이 학교 입학한 아이들과 그의 부모들에게 "괜찮아요! 괜찮아요! 기다리면 되요. 때가 되면 알아서 스스로 공부합니다."

하지만 학교 생활 한 달 후 그들에게는 그러한 말이 위로가 되지 못 했다.

그래서 부모들이 대안학교를 세우고 기존 대안학교 입학을 선택하기도 하였지만 당시에 학교선택은 가족문제를 발생시켰다.

먼저 조부모들과 부모들 사이에서 생겨났다. 경쟁교육이 싫다는 부모들과 일반학교에 가서 경쟁하면서도 잘 해 낼 수 있는 아이들이 많다고 하시는 조부모님들과의 논쟁이었다. 하지만 그 부모님들에게 일반 교육보다 자유로운 대안 교육을 강력하게 제안하였다.

그리고 그렇게 10년 동안 반복되는 생활을 하던 중 어느 날 의문이 생겼다.

아이들은 경쟁 없는 나라가 아닌 왜 우리나라에 태어났을까?

아이들에게 교육에 대한 불신을 준 것은 아니었을까?

우리 아이들의 학습의 적령기는 언제 시작해야 맞는 것인가?

아이들이 살고 있는 아이들의 세상에 대해 균형 있고 조화롭게 그리고 건강하게 알아갈 수 있는 환경을 만들어 주는 것을 말하고자 하는 것이다.

그 당시에는 균등하게 생각할 수 있도록 했어야 했는데 한쪽으로 일방적인 생각을 심어준 것은 아니었는지, 학습할 수 있는 기회, 올바르게 배울 수 있는 환경은 제공해 주지는 않고 단정지어 안돼로 일관하였던 것 같다.

졸업한 아이들의 소식을 간간히 접하게 되었다. 어릴 때 성향과 반대되는 학문을 하고 있기도 하였고 무엇을 해야 하는지 고민하는 사춘기 아이들도 만났다. 하고 싶은 공부가 있어 유학을 가고 싶은데 학력을 인정 못 받고 있었다. 독일 발도르프 학교도 발도르프식 교육방법으로 교육을 하고 마지막 학년이 되면 입시를 위한 혹독한 공부를 시킨다. 발도르프 학교를 졸업한 학생이 그 시기가 제일 힘들었다고 하였다.

하지만 그 나이에는 그것을 충분히 이겨 낼 수 있는 시기이기에 혹독하게 교육시켜 대학에 입학시킨다. 그것을 이겨내고 대학에 가는 발도르프 출신 학생들은 사고하는 것, 행동하는 것이 다른 학생들과 다르다. 우리도 일반교육과의 경쟁과도 문제가 되지 않는 교육방법을 가지고 우리나라 아이들에게 맞는 교육방법을 연구해야 한다.

발도르프 교육을 따라하고 흉내 내고 하는 방법이 아닌 그 발도르프 교육철학으로 경쟁하는 일반 학교에서도 사람다운 인성을 가질 수 있도록 교육이 되어야 한다.

그리고 아이들을 관찰하고 관찰하여 우리만의 독특성을 찾아

진도가 아닌 방향성을 가지고 진행하여야 한다.

아이의 발달에 방해가 되지 않도록 하며 발달이 느린 아이들과 또래들과의 함께 어울리도록 한다.

관찰된 아이의 발달에서 양육자의 교육방법도 읽어내어 그들을 도와주어야 한다.

아이에 대해 부모님들이 잘 모른다면 설명하고, 설명하고 설득하자

나에게 손가락질 하고 카페맘에 안 좋은 글로 비방을 했었다.

그래도 아이를 위한 일이라면 아이를 대변하여 어머님게 마음을 전달해야 한다.

일관된 교육철학으로 행동하는 교사를 아이들은 믿는다.

그리고 교사를 믿고 신뢰하여 모든지 따라하고 싶어 한다.

부모 설득이 안 될 것 같으면 설득하겠다는 무모한 행동은 하지 말아야 한다.

부모의 설득보다 아이와의 만남이 더 소중하기 때문이며 아이의 발전가능성에 확신을 두고 아이에게 건강한 교육적 행위를 해야 하기 때문이다.

조기 인지교육을 강조하시는 부모님 그리고 인지 교육보다 자유분방한 자유를 원하시는 부모님들을 만나면 또래 집단의 활동을 강조하여 동갑내기 공동체를 유지하는데 노력해야 한다.

물론 가정에서 돌봐주는 부모의 역할은 기대하지 말아야 한다.

처음 시작할 때 부모들은 호기심과 적극적인 열정이 교육현장에 함께 존재했다.

이제는 발도르프 교육의 모든 방법론은 미디어 매체를 통하여 접근 가능하다.

물론 변하지 않고 고여 있는 물로 존재하는 발도르프 사상가도 우리나라에 있다.

물도 고이면 썩는다. 생각도 발전하지 않으면 아집이 된다.

썩는 물에도 벌레는 꼬인다. 유연하지 않은 아집스런 사람을 우상처럼 숭배하며 벌레처럼 꼬이는 대중도 있다. 30년이 지난 발도르프 교육의 현주소를 직시하여야 한다.

100년이 지난 독일에서의 발도르프 교육은?

어떻게 발전했으며, 그것을 만족하고 있을까?

“

결론적으로 아이들에게 또래 공동체는 유지하면서 개개인이 역량을 공동체 안에서 발휘하여 자신의 내면(자존감과 자아감)과 만날 기회를 주어야 한다. 발도르프 교육은

주변에 있는 것들을 새롭게 발견하게 해주는 교육이다.

이것을 현실 환경에 직시하여 마주할 때 마중물로 스며들게 되면 스트레스 없이 받아드릴 힘이 아이에게 있다는 것을 우리 성인은 믿어야 한다. 물론 올바른 모범인 성인이 함께 있을 때 가능하다.

”

2. 아이들 발달

첫 손녀가 탄생하여 산부인과와 산후조리원을 지나 탄생 후 15일이 지나서야 만날 수 있었다.

태어난 신생아를 정면으로 맞닥뜨리면 인간이 가진 보호본능이 작동된다.

'갓 태어난 신생아는 무조건으로 보호가 필요하구나'를 알게 될 정도로 무기력하다.

새로운 상황에 무기력한 아이들을 먹이고 재우고 기저귀 갈아주고 잘 돌보기 위해 부모들은 당황해 하며 잘 보살펴 주었다. 신생아가 탄생50일이 되면서 손녀는 주변을 살피고 엄마를 알아본다. 움직이는 모빌을 보면서 기분 좋을 땐 리듬 있는 옹알이를 한다. **부모와 눈맞춤을 자주 하는 생후 6주 신생아의 모습이다.**

점점 자는 시간 보다 깨어있는 시간이 늘어나면서 손녀와 마주하여 눈을 맞추고 같은 행동을 반복하여 보여주었다. 예를 들어 노래하거나 손 유희 등의 행동을 아주 초집중하여 바라본다. 노래도 불러주고 대화도 하면 손녀는 무심코 바라보는 시선이 아니라 꿰뚫어져라 보는 **시선이 모빙을 위한 집중력**이 아주 자연스럽고 부드럽다.

백일이 가까이 다가오자 손녀의 능력은 많아져서 목에 힘도 생기고 목에 힘이 들어간다. 익숙한 사람 목소리가 들리는 곳으로 고개를 돌린다. **소리가 나면 반응한다.**

신생아를 다루는데 너무 작아서 만지기 어려웠던 시기도 지나갈 즈음 뒤집기를 시도한다. 균형을 잡고 뒤집기를 하기 위해 아기 스스로 끊임없이 노력한다.

이러한 능동성이 기어다니기, 잡고서기, 서기, 걷기로 이어진다. 걷기가 이루어지면 돌을 맞이하게 된다. 손녀는 13개월이 **걷기**를 시작하였다. **서기가 가능하다.**

잘 걸을 수 있으면서도 잡아주는 손이 없으면 걸으려고 하지 않았다.

걷기 시작하면 양육자는 아기 뒤를 졸졸 따라 다녀야 할 정도로 분주하게 움직인다.

코로나의 영향으로 부모가 재택근무하면서 아이는 부모와 같이 지내는 시간이 많았다. 부모의 영향력인지 아이는 주변의 사물들의 명명하기를 빨리 습득하여 주변을 탐색하며, **서기 후 언어습득을 위한 모방능력에 집중되었다.** 이때 움직임과 언어가 함께 동반되면서 만져도 되는 것과 만지면 안 되는 것들을 배우게 된다. 말은 못 하지만 서로 소통은 가능한 시기이다.

아빠가 아이랑 보내는 시간이 길고 많아지면서 언어습득이 빨라지고 무엇이든지 따라서 행동하고 따라서 말하려고 옹알옹알거리며, **의사소통이 가능해진다.**

언어적 상호작용과 미디어의 노출 또는 아이를 방임하게 되면 언어발달이 늦을 수도 있을 것이다. 하나 둘 단어의 나열에서 두 개 세 개의 문장이 오면서 아이는 말을 하게 된다.

생후 18개월이 되면 언어가 단어에서 문장이 된다.

이 시기에 두 나라 언어를 사용하던 손녀는 한국을 방문하자 한국어에 집중하여 한국어의 뜻까지 익히게 되었다. 말의 의미를 깨닫게 된 아이는 언어를 몰랐던 18개월 전의 아기가 아니다. 남다른 모방력을 보여주었던 아이는 대화하는 사람을 뚫어져라 집중한 후에 행위를 따라하였다. 물론 그나마 다행이었던 것은 신뢰하는 부모가 항상 함께 있었기 때문에 모방 능력이 탁월했다. 손녀가 음식을 잘 안 먹는다.

우리 딸도 어릴 때 음식을 잘 안 먹었는데 외출하고 싶을때 억지로 먹을 것을 먹여놓으면 토하는 경우가 종종 있었다. 손녀 역시 먹이는 것이 어려웠다.

생선이라도 먹이려고 아이밥상에 놓아줄 때 “그거 안 좋아하는 거야“ 라고 엄마가 옆에서 말하면 아이는 알아듣고 먹으려고 시도하지도 탐색하지도 않고 먹을 생각조차 않 한다. 별수 없이 치워야 했다.

옛날 방식하고 차이가 있다. 요즘엔 먹어야 하는 이유를 주저리 주저리 이야기 해주고 이벤트를 만들어서 먹어야 하는, 먹이겠다는 의지가 발휘되어야 한다.

어렵다.

알아서 쉽게쉽게 잘 먹는 아이들도 많은데 가지고 온 것일까? 환경인가? 생각하게 된다. 식습관은 가정에서의 지도가 필요하겠다.

하지만 할머니는 잘 안 먹는 손녀를 지켜보며 먹는 것에 무심할 수 없었다.

무언가를 창의적인 생각을 해 내야 한다.

아이는 먹기 싫은 것, 하기 싫어하는 것에 대한 생각을 하기 시작한다. **사고하기 시작하는 시기가 된 것이다.**

또 다른 손녀가 자라고 있는데 어떻게 성장하게 될지 아주 궁금하다.

언어의 사용은 곧 인지 발달과도 연결이 되고 언어가 빠른 아이는 사고도 빠르게 발달되어, 언어가 발달되고 사고가 발달되면서 아기는 취향이 생기게 된다.

이때부터 양육자하고 실랑이 하는 시간이 많아진다.

점점 많이 그리고 자주.

이젠 아이에게 취향이 생기면서 아이와 실랑이 하는 모습은 주변에서 자주 목격하게 되는 광경이다. 그러면서 아이는 고집이 생기고 반항이 생긴다.

싫은 것도 많아지며, 부모나 양육자로부터 설명을 많이 듣게 된다. 왜 싫어하면 안 되는지에 대해 이때부터 부모는 설명을 자주한다. 아이가 좋아해서요, 아이가 즐거워해서요, 아이가 원해서요.

우리 딸이 만 4살 정도 어렸을 때였다. 우리 딸이 식빵을 먹을 때면 빵의 가장자리를 잘 먹었다. 그것을 좋아하는 줄 알고 그것만 모아서 준 적 있다.

아이가 다 자라서 하는 말이 자기는 빵의 가장자리가 싫었는데 자꾸 줘서 할 수 없이 먹게 되었다는 것이었다. 충격이었다.

'아이들이 말하는 언어와 행동으로 아이의 취향을 어느 하나로 단정 짓지 말아야겠구나!'를 깨닫게 해주었다.

고집과 취향이 생기면 기관이라는 곳을 찾게 된다.

왜냐면 '교육은 가정에서 하려 하지 말고 기관에서 시켜야 한다.'라는 생각을 가지고 있기 때문이다.

기관이라는 곳에 오면 사회성과 단체 생활 속에서 자연스럽게 배우며 교사들은 아이의 행동을 관찰하게 된다. 리듬 있는 기관 생활로 1~2년 생활을 하면 아이의 성향과 가정교육 방식도 알게 되고 기질도 어렴풋하게 짐작할 수 있다.

발도르프 교육 현장에서 보면 2~3년 리듬생활을 경험한 아이들이 만 5세가 되면 하루리듬생활에 지루함을 느끼기 시작한다.

일곱 살이 되는 3월에 신체 발달과 감각발달을 파악하여 그리고 움직임과 예술 활동을 관찰한다. 소근육 움직임과 대근육 움직임을 독려하고 내가 내 몸을 조절할 수 있도록 균형을 잡도록, 예를 들면 산책을 통한 대근육 움직임을 놀이터 보다 산행으로 또는 가파른 구릉지를 넘나들면서 발바닥으로 자신의 몸을 조절하는 운동감각을 경험하도록 한다. 함께 하는 친구들 또는 동생들 그리고 선생님들과도 균형감각에 맞게 조절하는 사회성과 이해심의 정도에 대해 관심을 가지고 지켜본다.

무엇인가를 입으로 가져가는 아이, 다른 아이들을 끊임없이 건드리는 아이들이 관찰되어진다. 자신의 기분의 상태에 대해서도 표현하도록 유도하여 생명감각을 살핀다.

한 달 동안 신체알기 및 감각활동을 세심하게 관찰하여 부족한 부분들을 파악하여 균형이 되도록 도와주어야 한다. 오전 정적인 활동을 통하여 눈과 손의 협응력과 일대일 대응 시도로서 다양한 재료들과 만나는 시간으로 아이들이 한 달 적응 기간이 지나 작업할 준비가 되어지면 정적인 활동시간에 사고력을 길러주는 활동으로 할애할 수 있다.

36개월이 다가오는 첫 손녀는 자신의 상태를 언어로 표현하고 오르고 내리고 의자 아래로 들어가고 인형친구들을 초대하며 다양한 발달을 보여준다.

언어 이해가 빠른 손녀는 세상을 대하는 태도가 아주 긍정적이고 적극적인 의지 덩어리이다.

이제 태어난 지 얼마 되지 않는 어린 손녀의 얼굴 표정은 분명하지 않지만 호의적인 표정이 아주 인상적이다. 주변사람을 통한 모방능력이 나와지는 시기이다.

이 아이들과 마주하며 영유아기의 발달을 관찰하며, 다시 배운다.

어떤 환경을 제공해 주면 말 잘하는 아이가 되는지 충분히 알게 되었다.

둘째도 같은 환경을 가지게 되면 어떻게 발달할지 기대된다.

오늘날 기관에서 자주 만나는 아이들로 인지부조화 또는 발달장애 그리고 발달지연 등등 문제 행동을 하는 아이들을 예전보다 쉽게 만나게 되는데 유전적인 것인지 아니면 환경적인 요인에 의해 발생된 것들인지에 대한 전문가 상담을 받고 전문가의 조언에 따라 아이들을 돌봐주는 것이 아이들의 발달에 도움이 된다. (각 도시 육아종합센터에 문의하면 안내가능)

지적장애, 의사소통장애, 자폐, 주의력 결핍, 특정학습장애, 운동장애 등등 문제행동이라고 보여지는 행동을 관찰하는데 그러한 행동이 얼마나 자주 반복하고 그리고 그 강도는 어떠한지를 관찰하여 기록한다.

언어발달은 사회성 발달과 연결되어 있어 만 1~3세 아이들의 언어발달을 살펴봐야 한다.

어린 연령 아이들의 언어발달은 세심하게 살펴보아 발달과정과 발달수준을 정확하게 이해해야 한다.

3. 방향성

아이의 올바른 신체적 균형과 공간인지는 쓰기를 배우는데 유용하다.

종이의 위, 아래, 왼쪽, 오른쪽 나를 중심으로 나의 오른쪽 왼쪽 내 무릎, 내 귀 등등 몸의 방향성도 알아가도록 하여 즐거운 방법으로 몸의 방향성을 배우면서 내면적 경험을 하게 하도록 한다.

처음에는 쉬운 것부터 연습하여 머리 어깨 무릎 발 노래를 부르면서 나의 신체 알기를 시작으로 발구르기, 손뼉치기, 손가락 돌리기 등등 다양한 방법을 사용한다.

교사는 이러한 방법을 통하여 아이들이 어떠한 배움의 과정을 가지게 될 것인지를 생각하여 다양한 움직임 경험을 통해 아이들은 자신의 신체에 대해 인지하도록 하고 또한 그런 과정에서 어떤 아이가 신체 균형이 잡혀 있는지 아닌지를 경험하여 알 수 있다. 신체적 움직임을 동반하여 아이들의 의지력과 움직임의 동기가 생겨나고 아이들은 서서히 깨어나는 의식으로 점점 향상되어 가는데,

몸과 함께 하는 움직임은 사고하는 힘이 점점 정교화 되어지고 주변환경을 받아들이고 자각하면서 의지력은 강화된다.

이 연습의 목적은 아이들이 그들의 삶에 대한 주변에 대해 점점 더 많이 인식하도록 하게하고 점점 더 정교해진 움직임으로 주변 환경에 적응력이 생기게 되며, 이러한 과정을 통하여 쓰기를 올바르게 배울 수 있는 기초가 만들어진다.

4. 언어적 소리와 리듬

아이들이 리듬 있는 말놀이나 소리를 경험하는 것은 쓰기와 읽기를 위해 유용하며, 노래와 율동으로 소리와 리듬, 장단을 통하여 다양한 언어를 경험할 수 있는 기회를 제공하여 올바른 쓰기로 안내한다. 다른 나라 언어를 접할 기회가 된다면 여행이나 외국인 친인척을 통하여 접하게 하는 방법도 언어적 뇌의 발달을 돕는다.

예를 들어 한 놈, 두시기, 석 삼, 너구리, 오징어, 육개장, 칠게, 팔다리, 구들장, 챙그랑, 이거리 저거리 각거리, 어깨동무 씨동무, 꼭꼭 숨어라, 리듬감 있는 언어 경험은 언어의 리듬으로 신체의 움직임과 함께 받아들이게 된다.

5. 사전관찰

여기서 제시하는 것들을 참고하여 각각 자기만의 수업방식을 시도하기를 바란다.

한글을 만나기 전에 관찰해야 할 것들.

(1) 기록한 관찰일지를 참고하여 연령별 발달과정을 세심하게 체크한다. 일반적으로 모든 아이들 움직임을 관찰하다.

1) 소근육 움직임(젓가락 숟가락)

- 대근육 움직임(사방치기, 비석치기.)

2) 절기 활동에서 손으로 하는 작업에서의 움직임

3) 글자를 쓰기 위한 손놀림에 집중한다.

- 손목 돌리는 움직임

4) 이갈이, 균형감각, 운동감각, 생명감가, 촉감각등 감각의 상태를 살펴본다.

(2) 아이들의 감성을 자극한다.

0~7세 아이들은 건강한 신체를 만드는데 모든 에너지가 사용되어져야 하고 모든 활동이 감성을 중심에 두고 있어야 하고 상

상력을 증진시키고 창의적인 생각을 할 수 있도록 한다. 곧 머리로 사고하는 시간을 최소화하여 완벽을 요구하지 않는다. 하지만 균형과 조화는 시도하도록 돕는다.

(3) 모범을 통한 모방교육

(4) 그림그리기를 활용

(5) 아이들의 개별적 발달과 사회성과 가정 환경

(6) 움직임을 동반한 다양한 활동

3월 사방치기, 비석치기, 고무줄, 공놀이 등등 계절에 맞는 활동 등등

(7) 3월부터 8월까지 움직임과 소통 그리고 사회성을 관찰한다.

2학기에 사고증진을 위한 단계별 사고에 대해 세심하게 관찰한다.

- 독일의 학령기 아이들 보다 우리나라 아이들이 한 학기 늦게 들어간다(2022년을 기준으로 본다면 2022년 3월 ; 2015년생들 입학 / 2022년 9월 ; 2015년생들과 2016년생들 입학) 생일이 하반기에 있는 아이들의 발달을 체크한다.

(8) 발도르프 학교에서의 문자 교육방법을 연구하여 근본을 안다.

한글에 필요한 상으로 남길 수 있도록 자연을 세심하게 관찰한다.

(9) 일반적인 발달 단계를 체크하여 일반적인 발달에 대해서도 파악해 둔다.

6. 선 만남

선과의 만남은(Mit kindern Formen zeichnen을 참고) 연필잡기를 위한 손동작의 연습과정으로 원활한 손의 움직임을 위해 어려서 젓가락 사용을 신경 써서 교육하였다면 선긋기 활동을 하는데 손이 움직임이 원활할 것이지만 활동하기 전이나 활동하면서 다음과 같은 것을 고려하고 선긋기 탐색은 주변 대상 물질에 존재하는 것을 형태로서 접근한다.

주변의 사물들을 눈으로만 보는 것뿐만이 아니라 움직임이 동반되도록 하여 쓰기를 어려워하는 아이들에게 도움이 되도록 줄거리가 있도록 한다.

움직임이 동반된 활동은 뇌신경에도 영향을 주기 때문에 반복적인 연습, 소근육 연습을 통한 활동은 근력 발달에 도움이 되어 소근육 사용하기를 자주 연습한다면 손가락 근육이 발달되어지고 그러한 근력은 언어와 밥 먹는 행위에도 사용되어진다.

소근육 움직임의 발달은 학교 가는 연령에 까지 영향을 미치며 지속적인 발달가능성이 있으며 소근육의 발달은 인간의 언어발달과도 관련이 있다고 학자들은 밝히고 있다. 움직임의 발달을 돕는 것은 곧 뇌의 발달을 돕는 것과 같다.

소근육 사용의 연습을 통하여 쓰기의 능력이 나타나고 이러한 능력은 쓰기에서뿐만 아니라 그림그리기, 손으로 만들기 손 유희 등등 다양한 활동으로 가능해지는데, 쓰기는 지적으로 탁월함을 위한 것보다 움직임을 동반하여 반복한다.

쓰기에는 다양한 능력들이 동반된다.

소근육 대근육을 같이 사용하도록 하며 눈과 손의 협응력이 필요하게 되어 손가락과 손목의 움직임을 사용하도록 한다.

듣기를 통한 소리의 변별력이 있어야 하며, 손으로 하는 작업을 자주 하는 경우 소근육 발달에 도움이 된다.

II. 한글 만나기 전 활동

주변환경을 탐색하는 작업이다.

1. 선 긋기

한글공부를 위한 준비과정으로 선과 만나는 작업을 할 수 있다.

선을 자연에서 찾아 주변에서 사물을 인지하고 선으로 표현한다.

한글을 배우기 위한 선긋기는 직선(누운 선, 서있는 선 그리고 기울여진 선)과 원으로 이루어지며 선들을 그림화하여 만날 수 있어야 한다.

다양한 이야기와 방법들을 적극적으로 활용하여,
선긋기 활동으로 쓰기를 연습하고,
의자에 바르게 잘 앉아 상체와 팔은 자유롭게 사용하여,
종이에 끄적거림으로 시작하여 끄적거림이 선으로 의식화 하도록 도울 수 있다.

끄적거림으로 자유롭게 활동하다 쉽게 상을 떠올릴 수 있도록 이미지를 찾아 선을 발견하도록 주변을 잘 살피고 그 첫 이미지는 추상적인 것이 아닌 눈으로 볼 수 있도록 자연에서도 만날 수 있어야 하는데 직선과 원의 선을 봄, 여름, 가을, 겨울에서 찾아볼 수 있다.

2. 선 긋기 도움 되는 활동

(1) 이야기 들려주기

(선 긋기에 도움이 되는 이야기를 다양하게 만들 수 있다.)

1) 겨울

- 추운 겨울나라에는 동장군이 살고 있습니다.
- 동장군이 우리 마을을 지나가고 나면 고드름이 생긴단다.
- 강물도 꽁꽁 얼어 단단해지면 아이들은 얼음썰매를 타며 놀고 있지 겨울 항아리에는 얼음 띠가 생기고 바람의 끝은 춥습니다.

2) 봄

- 봄이 되면 봄 요정이 열심히 땅속에서 영차영차 일을 합니다.
- 땅속의 새싹들은 파릇파릇 싹이 나고 식물들은 자랍니다.
- 모내기도 합니다.
- 땅속에 살던 지렁이들도 겨울잠에서 깨어나 땅위로 올라옵니다.
- 달팽이도 만나게 됩니다.
- 옹달샘, 연못의 얼음들도 녹아 내려 봄 소식을 알립니다.

3) 여름

- 여름이 되면 바다와 들판에 뜨거운 빛으로 가득합니다.

- 바닷가에는 게들이 갯벌위로 분주히 기어 다닙니다.
- 여름비는 호숫가에 동글동글 동그란 물결을 만듭니다.

4) 가을

- 가을이 찾아오면 대나무 밭에 대나무 들이 빽빽하게 서 있습니다.
- 옥수수 밭에 옥수수들이 키 재기를 합니다.
- 물속에서 물고기 들이 헤엄을 칩니다.
- 나무에는 열매들이 대롱대롱 매달려 있습니다.
- 사과, 배, 감 등등

(2) 상 떠오르기

상(이미지) 떠오르기에 도움이 되는 활동으로 아이들의 경험에 대해 이야기 나눈다. 주말에 무엇을 했는지? 미디어를 통해 경험한 것들에 대해서도 자유롭게 이야기 하도록 한다. - 만화영화 이야기로 발전하는 것에 주의바람

예를 들어 고드름이라고 하면 고드름 노래를 불러볼까?

- 고드름을 아니?
- 보았니?
- 어디에 생길까?
- 어떻게 생겼을까?
- 보았던 기억이 있는 사람?

아이들의 경험에 의해 떠오르기를 하여 다양한 이야기를 한다.

전혀 상을 가지고 있지 않은 아이들을 찾아보도록 한다.

(3) 몸으로 표현하기

매번 앞의 과정을 반복한다.

- 고드름을 보았니?
- 고드름 찾아보았니?
- 고드름을 어떻게 표현하니?
- 누워서? 서서? 등등

(4) 선 그리기

- 앞의 과정을 반복한다.
- 한 친구가 몸으로 표현하고 그것을 보고 그려본다.
  - 그리는 행위와 함께 소리를 낸다.
- 고드름 고드름 처마 끝에 고드름... 언어화
  - 종이 고드름을 그려본다.
    예를 들어 곧은 선 고드름을 그릴 때
- "고드름" 노래 부른다. 고드름 수정 고드름~~~
- 위에서 아래, 왼쪽에서 오른쪽의 규칙을 따르도록 한다.
- 원 그리기 방향은 사람마다 다를 수 있다.
- 종이의 균형을 맞추어 그린다.

3. 그림으로 제시

선과의 만남은 기본적인 것 하나만 예를 들어 소개하였다.
기본을 기반으로 다양한 방법론은 각자 환경에 맞게 찾아본다.
교사들의 재능과 능력을 믿고 있기 때문이다.

(1) 예를 들어 곧은 선 하나는 처마에 달려 있는 고드름 하나

- 처마에 고드름이 주렁주렁 달려있는 것 표현 ; 곧은 선이 여러개
- 고드름이 계단식으로 짧은 것부터 긴 것까지 나열하기
- 길고 짧고 길고 짧고 반복하기 또는 길고 중간 긴 것 반복하기 등등

이야기를 만들 때 주변환경의 이미지를 살펴 아이들과 친숙하게 다가올 수 있도록 모든 사람들이 고개를 끄덕여 개관 타당한 것들을 찾는다.

그것들을 예를 들어 하나씩 제시하였다.

각각 사는 동네의 이미지를 물색하여 의미는 같으나 내용은 다를 수도 있음에 열어놓았다. 도심에 사는 아이들은 고드름을 자동차 하단에서 찾기도 한다.

1) 겨울

- 추운 겨울나라에는 동장군이 살고 있었단다.
- 동장군이 우리 마을을 지나가고 나면 고드름이 생긴단다.

• 위에서 아래로 내려오며 선 긋기 : 곧은 선 서있기

곧은 선 서있기

• 강물도 꽁꽁 얼어 단단해 집니다.

• 그 위로 아이들이 얼음썰매를 타며 놉니다.

• 왼쪽에서 오른쪽으로 선 긋기 : 곧은 선 누워있기

곧은 선 누워있기

- 겨울 항아리에는 얼음 띠가 생기고 바람의 끝은 춥습니다.
- 한 번에 동그랗게 선 긋기 : 원 모양

동그라미

2) 봄

- 봄이 되면 봄 요정이 열심히 땅속에서 일을 합니다.
- 땅속의 새싹들은 파릇파릇 싹이 나고 식물들은 자랍니다.

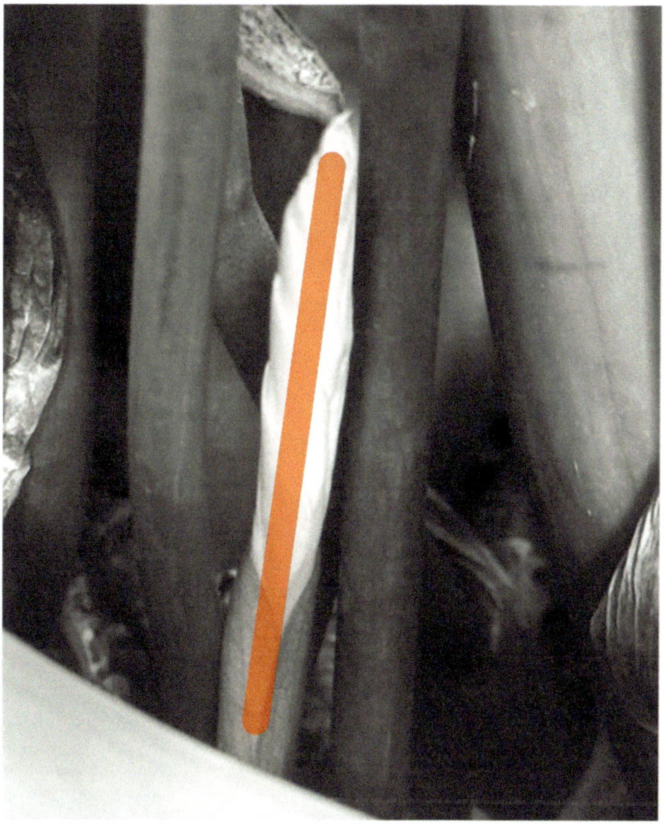

곧은 선 서있기

· 모내기도 합니다.

곧은 선 서있기

- 땅속에 살던 지렁이들도 겨울잠에서 깨어나 땅위로 올라옵니다. 달팽이도 만나게 됩니다.

곧은 선 누워있기

• 옹달샘, 연못의 얼음들도 녹아 내려 봄 소식을 알립니다.

동그라미

3) 여름

- 여름이 되면 바다와 들판에 뜨거운 빛으로 가득합니다.

곧은 선 서있기

• 바닷가에는 게들이 갯벌위로 분주히 기어 다닙니다.

곧은 선 누워있기

• 여름에 찾아오는 비로 저수지에 동심원의 물결이 생겨납니다.

동그라미

4) 가을

- 옥수수 밭에 옥수수들이 키 재기를 합니다.

곧은 선 서있기

- 가을이 찾아오면 대나무 밭에 대나무 들이 빽빽하게 서 있습니다.

곧은 선 서있기

• 물속에서 물고기 들이 헤엄을 칩니다.

곧은 선 누워있기

- 나무에는 열매들이 대롱대롱 매달려 있습니다.
- 사과, 배, 감

동그라미

- 계절과 상관없는 기울어진 곧은 선
- 옛날엔 물건을 나르기 위해 지게를 사용하였답니다.
- 곧은 선들이 기우려져 있네요.
- 곧은 선 기울기를 안다.

사선으로 비스듬하게 선긋기 ; 곧은 선 기울려 있기

- 곧은 선 서있기
- 곧은 선 누워있기
- 곧은 선 기우려있기
- 동그라미

교사가 자연에서 발견한다.

그린다.

기억한다.

그리고 반복성이 중요하다.

4. 기타

(1) 선 긋기라는 주제를 가진다.

모방의 힘을 길러주기 위해 어제 배웠던 것을 반복하다.

- 교사를 따라하도록 한다.

교사가 즐거움과 호기심을 가지고 새로운 것에 대한 배움의 자세를 갖는다.

(2) 인지적 교육 활동

발도르프 교육을 하는 독일에서도 "몇 살에 학교에 갈 수 있나요?"라는 물음점을 가지고 독일과 프랑스에서는 6살짜리 아이들이 학교에 가고 러시아와 노르웨이어는 7살짜리 아이들이 학교에 가고 오늘날의 연구자들은 일반적인 "학교 성숙기" 같은 것은 전혀 존재하지 않는다는 것을 강조하며 분명한 생리학적 특징을 발견하여 꼭 맞는 연령이 존재함을 발견할 수 없다고 가정하지만 분명한 것은 학교가기 전 의자에 앉아 일을 할 수 있는 능력은 있어야 한다고 'waldofschule_Landshut'에서는 적고 있다.

(3) 한국의 취학 전 연령의 아이들에게 지적활동을 해도 되는 이유를 독일과 비교

1) 우리나라 아이들은 대한민국에 태어나 살고 있고,

2) 우리나라 아이들이 학교에 한 학기 늦게 입학하며,

- 2학기에는 지적활동을 시작하는데 발달에 영향력에 대해 생각해본다.

3) 우리나라 유행의 주기는 빠르며,

4) 몸을 만드는 작업의 마지막 신호인 이 갈이도 빠르고,

5) 우리나라는 아이들 움직임의 발달보다 인지교육을 조기에 하거나 우선으로 생각한다. 조기인지교육을 했거나 늦게 인지교육을 할 경우라도 7살 2학기에 시작하여 어떻게 해야 하는지에 대해 연구하여 배움에 대한 즐거움을, 단계적 사고와 논리적 사고가 일상에서 자연스럽게 생겨날 수 있도록 도와주어야 한다.

취학 전 연령에게 인지교육을 한다는 이유로 비난받을 것이 두려워 현실을 직시하지 못 했고 그 이유를 회피와 도피 그리고 변명과 핑계 구실로 삼기위해 발도르프 교육을 언급하기도 하였다. 과연 나는 한국에 살고 있는 우리나라 아이들을 위해 무엇을 올바르게 실천해야하는가? 나는 잘 하고 있는가?

항상 교사들의 물음점을 가지는 기회가 되어 생각하는 의식 있

는 교사가 되어 올바른 취학전 연령의 아이들을 위한 올바른 사고로 아이들 스스로 올바른 가치관을 가질 수 있도록 한글교육을 같이 만들어 갈 수 있도록 함께 생각을 모을 수 있기를 희망하며 작은 시작을 알린다. 교사가 학령 전 인지 교육을 온몸과 온 마음으로 원하지 않는다면 그것 또한 틀린 것은 아닐 것이다.

5. 한글

(1) 한글의 출발

훈민정음 안의 훈민정음 해례본은 조선 4대 임금 세종이 1443년 만들었으며 1446년 반포한 한국 고유의 문자체계이다. 음소문자이면서 음절문자의 성격을 동시에 갖는다. 해례(解例)가 붙어 있어 '훈민정음 해례본' 혹은 '훈민정음 원본'이라 하고 해례는 보기를 들어 내용을 풀이한다는 뜻으로 1962년 12월 20일 국보 제70호로 지정되었으며 1997년 10월 유네스코 세계기록유산으로 등록되었다.

훈민정음(訓民正音)이란 '백성을 위한 바른 소리' 라는 뜻이다. 훈민정음의 글자는 총 28자로 현재는 4글자가 소멸하여 24자가 한글로 쓰이고 있다.

출처 : 훈민정음 해례본 - Daum 백과

(2) 한글에 담겨진 의미

1) 한글 자음이 만들어진 의미

한글에서 자음은 오행에 근거하여 목, 화, 토, 금, 수로 기본자는 ㄱ, ㄴ, ㅁ, ㅅ, ㅇ로 획을 1 또는 2를 가해지는 것에 따른 것이다.

"한글에서 온 글, 한글" p89를 참고 하였다.

2) 한글 모음이 만들어진 의미

한글에서 모음은 하늘, 땅, 살아있는 생명이다.

- ㆍ 아래아는 천수 5 흙(土)을 낳는 자리이며, 하늘이 되고
- ㅡ 는 지수 10은 흙을 성숙시키는 자리로 땅이 되고
- ㅣ 는 자릿수는 없지만 살아있는 생명이다.

세 가지가 합하여 초출이나 재출이 생겨난다.

초출 ㅗ, ㅏ, ㅜ, ㅓ이다.

초출에서 두 번째로 생긴 것이 ㅛ, ㅑ, ㅠ, ㅕ이다.

- ㅗ 는 하늘에서 먼저 생겼는데 천수 1은 물(水)을 낳는 자리이고
- ㅏ 는 그 다음으로, 천수 3은 나무(木) 낳는 자리가 되고
- ㅜ 는 땅에서 처음 생겼다. 지수 2는 불(火)을 낳는 자리이며,
- ㅓ 는 그 다음으로, 지수 4는 쇠(金)를 낳는 자리이다.

초출만 정리하였다.

대개 사람은 무극의 정수로 수를 이룬다고 논해질 수 없기 때문에.

또한, 물과 불은 음과 양이 서로 어우르는 시초이니 오므라

지며(원순모음),

나무와 쇠는 음양이 고정된 바탕이니 펴진다(평순모음).

모음의 기본자인 아래아 ㆍ ㅡ ㅣ는 천, 지, 인 등 여러 개념이 연결되어 있다.

훈민정음 의미에 맞는 단어 선정시 계절에 맞게, 의미에 맞게 하려고 노력하였다.

(3) 한글 수업 안

1) 자음

선긋기연습을 통하여 아이들은 쓰기 도구 사용이 원활해졌고 자음의 모양은 이집트의 상형문자에서처럼 그림화하여 받아들여지도록 한다.

우리나라 자음을 주변에서 찾아 그림으로 상을 만들어 단어로 연결해보면,

예를 들어 'ㄱ'은 구부러지다. 곡선의 의미가 담겨있다.

'ㄴ'의 경우 '활동하다, 높이 오르다.'의 의미가 담겨있다.

▸ 꼭지 이응 'ㅇ'

• 씨앗이 땅속에서 잠을 자요 잠을 자요
웅크리고 잠을 자요
활짝 기지개를 켜며, 싹이 올라와요. 'ㅇ' 꼭지 이응

- ㄱㅋ : 구부러짐, 곡선, 꺾음
  - 기웃 기웃 기우려서 'ㄱ' 기역
- ㅋ : 크게 자라다.
  - 크게 크게 자라서 'ㅋ' 키역

▸ ㄴㄷㅌㄹ : 활동이 가장 많은 양(陽 - 밝다 양지), 내면 정신.

- 혀는 날카롭고 움직임이 있는 오행의 불에 해당한다. 4계절로는 여름이다.

- ㄴㄷㅌㄹ를 불이 타고 있는 것을 상상하자.
- 활활 타면서 위로 높이 올라간다. ㄴ
- 'ㄴ'으로 나비, 날다. 높다. 나비 그림에서 ㄴ를 찾을 수 있다.
- 위로 뻗어있는 불길에 뚜껑을 닫는다. 덮음, 닿음, 이룸 ㄷ
- 뚜껑에 알맞은 단어를 찾아보아야 한다.
- 여기서 활용할 수 있는 단어로 닫다. 뚜껑, 덮개로 이들의 단어에서 ㄷ을 찾을 수 있어야 한다.

- 대나무 ㄷ 과 튼 싹의 ㅌ 룰루랄라 ㄹ
- 닫힌 통 안에 불길이 타오름, 터트려서 터지다. ㅌ
- 통나무, 톱, 터뜨려진 틈 등을 통하여 ㅌ 글자를 찾아 눈으로 볼 수 있어야 한다.
- ㄹ은 움직임이게 하는 단어이다. 바람, 구름, 도리도리, 랄랄라 등등에서 ㄹ를 찾아야 한다.

대나무

▸ ㅁㅂㅍ : 합하고 모으고 이룸, 뭉침. 발음은 입술이 머금고 넓은 것

- 4계절로는 늦여름에 속함
- 모으고 종합하여 뭉쳐있는 의미를 가진 단어 문, 마당, 모내기, 모닥불에서 ㅁ찾기

마당, 문 ㅁ

• 붙고 떨어지고 쌓고 부풀어 오르다 는 의미를 가진 단어 불, 배에서 ㅂ 찾기

모닥불 ㅂ

• 펼쳐지다, 펴지다 의 의미를 가진 단어 풀피리, 팽이, 폭포에서 ㅍ 찾기

풀피리 ㅍ

▸ ㅅㅈㅊ : 쇠가 강하고 세고 단단하다, 막힘, 굳음. 4계절의 가을에 해당

- 솟아 있는 단단함과 변화 가능한 의미단어는 산, 사슴, 손, 산토끼에서 ㅅ 찾기

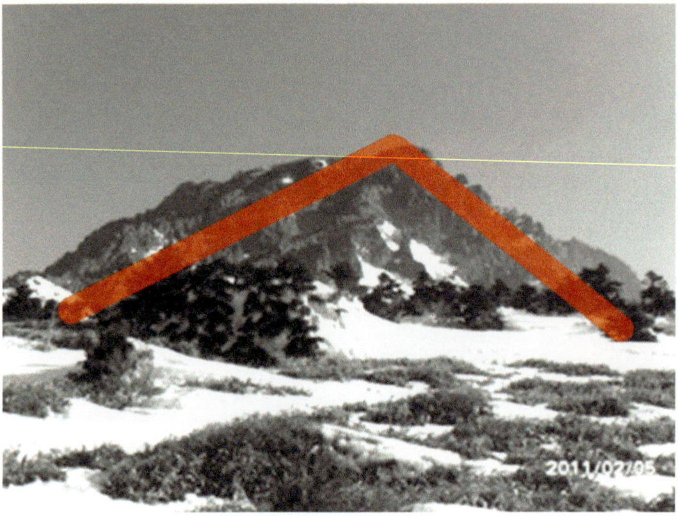

산

• 막히고 저장하고 자리 잡는 의미단어는 장독, 작은집, 징검다리, 지붕에서 ㅈ 찾기

기와지붕

• 뚫고 쳐 오르는 의미단어 창가, 초, 초가집, 초롱박에서 ㅊ 찾기

촛불

▸ ㅇㅎ : 생명의 근원, 영원, 순환, 무의식.

- 목구멍 깊은 곳에 있고 젖어 있어 물에 해당하고 계절은 겨울이다.
- 영원함을 상징하는 단어 옹달샘, 우물, 열매, 울타리에서 ㅇ찾기

옹달샘

• 근원의 출현 상징의 단어로 호롱불, 해, 하늘 ㅎ 찾기

호롱불

2) 모음

모음은 감성을 담은 언어이다.

온 마음으로 느낄 수 있는 의미가 담겨 있어야 한다.

- · 아래아는 하늘이 첫 번째로 열린다. 곧 하늘이다.
- ㅡ 는 지수 10은 흙을 성숙시키는 자리로 땅이다.
- ㅣ 는 자릿수는 없지만 살아있는 생명이다.

온 우주에 아무것도 없을 때 하늘이 열렸다. 그것을 '아래아' 라고 한다.

하늘을 품에 단단하게 안는다.

하늘의 기운에서 분리되어 아래로 내려와 땅이 되었다. 그것을 ㅡ 라고 한다.

모든 수평선과 지평선을 생각하며 양손을 벌려 표현한다.

하늘아래 땅위에 생명들이 피어나게 되었다. 그것을 ㅣ라고 한다.

하늘을 향해 팔을 뻗고 땅을 향해 팔을 뻗어 살아있는 생명 ㅣ라고 표현한다.

- · ㅡ ㅣ 만나 초출 모음이 생겨났다.
- ㅗ는 ·하늘 ㅡ 땅이 어울려 위로 오르면서 생겨났다.

하늘에 떠 있는 무지개, 오로라를 보면 나오는 '오!' 감정의 느낌

오름산에 올라 '오 오 오' 오로라를 만나 '오 오 오'

- ㅏ는 ㅣ생명 ·하늘이 어울려 생겼다. 하늘의 생명이 나간다.

해맞이를 보며 느끼는 '아!' 느낌

아름다운 햇살 '아 아' 아침햇살 '아 아'

ㅜ는 ㅡ 땅 ㅣ생명이 어울려 생겼다. 아래로 이끌다. 숨다, 숙이다.

생명이 땅속으로 숨는다. 두더지들이 구멍으로 우루루 내려갈 때 '우' 느낌

두더지들이 우루루루 구멍으로 숨었네

우리들이 우렁차게 우르르르

- ㅓ는 ㅡ 땅 ㅣ생명 어울려 안에 머물다, 넉넉하다.

한글에 존재하는 모음으로 안으로 들어가는 것 '어' 느낌

서로서로 어울려서 '어 어 어'

3) 방법론

▸ 훈민정음의 이론적 배경을 안다.

- 자음은 오행(목화토금수), 계절 그리고 한글의 의미를 담는다.
- 예를 들어 ㄱ 경우 오행으론 봄과 목에 해당된다.
- 구부러진, 곡선, 꺾음 의미가 있다.

- 봄에 구부어진 가지나무, 고추나무 싹의 모습을 연상하게 한다.

▸ 모음 · ㅡ ㅣ

- 이세상이 존재하지 않을 때 세상은 깜깜했다.
- 어디선가 희미한 빛이 생겼다.
- 희미한 빛들은 사방팔방으로 펴져 나갔다.
- 사방을 지키는 수호신들이 그 빛을 가지고 있었다.
- 동쪽은 청룡, 남쪽은 주작, 서쪽은 백호, 북쪽은 현무
- 그들은 그 빛을 가지고 가운데로 모였다.
- 빛들이 모이자 강한 빛이 되었다. ; 이것이 ·(아래아) 하늘이다.
- 가운데 모여 있는 빛들 사이로 바람이 불어온다.
- 바람이 불어오자 빛들은 흩어져서 가벼운 빛은 위로 올라가고, 무거운 빛은 아래로 내려와 ㅡ 땅이 되고, 하늘과 땅 사이에 살아있는 생명들은 ㅣ가 되었다.
- 이들이 만나 ㅗ ㅏ ㅜ ㅓ가 만들어진다.
- 위와 같은 내용을 담은 이야기, 노래, 율동을 만들 수 있다.

▸ 발도르프 교육 방법론을 안다.

- 보이는 사물에서 글자의 모양을 찾는다.
- 움직임이 있는 예술 방법을 활용한다.

이야기로 만나기, 노래로 만나기, 율동으로 만나기, 몸으로 표현하기, 그림으로 만나기, 손가락으로 써보기, 허공에 써보기, 친구 등에 써보기, 땅위에 단어 그려보기, 그 위를 걸어보

기, 주변에서 찾아보기, 소리 내어 보기 등등의 다양한 예술적 활동을 한다.

교육방법론은 각자가 이해한 대로 각자의 교실과 아이들 그리고 교사의 재량에 따라 다양하게 만들 수 있다.

예술 방법 도입에 있어서 모든 것을 다 활용하려고 하지 말고 그중에서 교사와 아이들이 자신 있고 즐겁게 할 수 있는 것들을 여러번 반복하는 방법도 있다.

한글 라이겐이 탄생하기까지 3년의 시간이 필요로 했는데 아이들과 선생님들이 사는 동네마다 다른 방법을 찾을 수 있을 것 같아 실제 사례는 제시하지 않았다.

잊지 말아야 할 것들만 지켜진다면 이론적 의미는 사실근거로 방법론은 교사들의 능력과 재량에 따라 만들 수 있기를 믿는다.

모방 속에서 창의력이 나온다는 말도 있지만 무조건 따라하는 것보다 생각을 하고 난 후, 고민을 한 후라면 좋은 이야기들이 만들어 질 것이다. 기본은 자연에서 한글을 찾아야 한다는 것이다. 억지로 이야기를 꾸며 만들지 말아야 한다. 내 주변을 살피고 한글에 맞는 자연물을 찾았다면 그 이후 이야기를 만들어 내야 한다.

그 과정이 바뀌져서는 안 될 것이다.

기본적인 방법으로 하나 하나의 사례들을 구체적으로 만들어 보길 바랍니다.

6. 유아교육기관에서의 준비

발도르프교육 철학을 가진 발도르프 유아교육기관에서는 첫 번째 7년에(0~7, 7~14, 14~21 중) 집중한다.

이 시기 하위감각이 기관에서의 모든 과정과 놀이 안에서 교육되어 형성되어져야 하기 때문이며 루돌프 슈타이너는 12감각 중 촉감각, 생명감각, 고유감각, 균형감각을 하위감각이라고 하였으며 이러한 감각을 통하여 사람들은 자기만의 고유성을 살아가는 과정에서 깨달아 자신감과 자기 통제, 자기 느낌, 그리고 자기 경험을 형성하는데 기본을 배워간다고 보고 있다.

오늘날 아이들이 자연과 더불어 함께 하는 움직임은 충분하지 않다. 유아기관에서 하위감각이 잘 보살펴져야 하고 잘 성장할 수 있도록 노력하고 상상력 또한 발전할 수 있도록 해야 한다.

7. 학교에서의 준비

아이들이 학교에 갈 연령이 되면 쓰기와 읽기 등 많은 능력들이 발휘된다.

낱말들을 습득하고 그림화된 상들을 쓰기로 발전하기 위한 경험들은 발도르프 학교에서의 준비과정에 있는데, 그것은 다음과 같다.

- 방향성연습
- 선긋기와 그림 그리기
- 언어적 이해
- 오이르트미
- 관찰하는 수련

위와 같은 내용으로 교사가 준비하지만 실제 교육 활동에 있어서는 명확하게 분리되어 있지 않다.

8. 기타

- '이갈이'가 시작하는 신호가 보일 때
- 움직임의 발달 : 소근육 운동(젓가락), 대근육 운동(줄넘기)이 가능 할 때
- 일방적인 혼자 중얼거림보다 외부에서 요구하는 것에 상응하는 소통이 가능할 때

학교 가기 전 생각하기가 되어야 하는데 바르게 앉아 있기, 바르게 서있기가 스스로 되어 지거나 또는 교사들의 요구에 의해서 가능해야 한다. ; 수업시간에 관찰 가능하다.

조기 인지 교육을 만 2-3세 이전에 시작한 경우 신체 발달의 균형이 잘 이루어지는지, 상상력의 상을 어떻게 떠 올릴 수 있는지 그리고 사회성을 신경써야 한다.

우리나라에 사는 만 0~7세 아이들도 발달과정을 갖는다.

1999년 처음 한국에 발도르프 기관을 설립하면서 독일의 발도르프 가정을 만들어 보려고 가정방문도 하고 미디어도 없애고 책들도 덜 볼 수 있기를 권장하였었다.

하지만 그 아이들이 학교 갈 즈음엔 읽고 쓰기가 안 되어서 걱정을 많이 하셨는데 걱정하지 말라며 아이가 발달에 문제가 없으니 시

간이 지나면 괜찮아질 것이라고 부모들을 위로했고 그에 따른 책임을 지기위해 오후반을 만들기도 하여 입학한 1학년들을 돌봐주었다.

하지만 아이들이 등교거부, 난독증, 학습장애가 일어나기 시작하며 열등감이 생겨났고 인지 관련 교육은 하지 말라고 하여 아이들에게 동화책 하나 읽어주질 않으셨던 분도 계시고 아이들이 시간이 지나면 알아서 아이가 학습을 원하면 그때 가서 해도 된다며 아이가 스스로 공부하는 마음이 생길 때까지 기다린다고 하였다. 물론 언젠가 아이들이 이루고자 하는 것이 있다면 공부에 관심을 가지고 학문에 열중하기도 할 것이다.

필라테스든 요가든 어떤 운동이라도 어렵고 힘들게 하면 할수록 몸에 근력이 생기듯 학습도 마찬가지로 쉽게 주변에서 생활 속에서 자주 듣고 지낸다면 학습장애는 생겨나지 않을 것이다. 학습부진아의 경우 부모의 불안감은 생길 것이다.

오늘날 아이들의 배움은 가정에서부터 시작되어지기보다 다른 곳에서부터 배움을 시작하는 경우가 많다. 학교 가기전 올바른 사고력을 가지게 하는 것도 필요하다.

학교에 입학해서 학습하는 습관은 속독전과 풀이에 치중할 수 있으며, 다른 것들에 학습하기를 의존하게 될 것이기에 부모가 아이의 첫 번째 선생님이 되어주면 참 좋은데..., 대신하여 신뢰하는 교사들에게 공부하는 방법을 배우는 것도 좋을 것이다.

우리나라의 발도르프 정신이라 함은 우리나라 정서에 맞는 공동체를 유지하려고 노력하는 곳에 힘을 사용해야 하여 공동체라고 하면 작게는 가족부터 넓게는 사회가 있다.

경쟁교육이 없는 독일의 경우,

이상적인 민주주의 제도에서 탄생한 사람이 히틀러가 있었다며, 국민 자신의 권리를 사회 안에서 연대하여 이해와 타협으로 사회적 연대가 이루어져야 한다고 우리나라 대학 교수님의 강의를 들었다. 물론 그 안에서 갈등이 당연히 생기지만 사람이 살아가면서 갈등과 문제는 언제든지, 어디든지 발생할 수 있다. 그런 '갈등에 대해 토론하고 합의하는 과정을 경험한 아이들과 어른들은 자기 발전의 관용 자세를 가짐과 동시에 더불어 함께 나갈 수 있는 민주시민 정신으로 교육되어질 수 있다.' 고 하여 그러한 '정신을 기반으로 교육을 한다.'라고 하였다.

그러한 목표를 가지고 스스로 공부할 수 있도록 기반을 다져야 한다는 생각이다.

공동체 의식을 뿌리 깊게 가진 우리 민족으로서 함께 더불어 가야 하는 사회를 만들고 그러한 사회를 만들기 위해 토론하고 합의하는 것을 배우는 교육의 목표를 가져야 한다. 단 한 쪽에서의 무조건적인 순종이나 복종이 아니라. 어리다고, 여자라고, 약하다고, 가진게 없다, 등등으로 바라보고 무시하는 것이 아니다. 각각 자신의 권리를 가지고 다른 사람의 권리도 인정하여 토론하고 합의 하는 과정을 알려주어야 한다.

만 5~7세에서 만 5세 추상적인 한글을 실제생활 하는 환경에서 자주 만나는 주변의 것들에서 발견한다. 배움에 즐거움을 가지고 나이에 맞는 학습습관으로 자존감, 자신의 존재감 그리고 자신의 권리를 갖게 하고자 한다. 세계전쟁을 겪은 독일은 경쟁교육은 '야만이다.'라고 생각하면서 많은 인종들을 학대한 역사를 반성하며, 경쟁 없는 교육방식을 만들어냈다. 그 교육방식에는 연대교육이 협동교육을 이끌기 위해서 세 가지 능력이 키워지도록

첫 번째 저항하는 능력 : 잘 못 된 권력에 저항,

두 번째 분노하는 능력 : 불의한 권력에 분노,

셋 번째 교감하는 능력 : 약자의 고통에 교감이다.

존엄한 인간과 성숙한 민주시민으로 민주주의를 지키려는 능력을 키워주는 교육환경을 가지고 있다는 것에 대해 알고(참고 : 세바시 몰아보기 / 김누리 외, 2022년에도 임팩트를 이어갈 세바시 스토리) 있어야 하겠다.

“

자유로운 사람,

경쟁 없는 사람으로 성장하길 바라면서 문화시민 능력은 갖추도록 교육받을 자격이 우리아이들에게도 충분한 능력과 재능이 있다.

인간의 발달이론에서도 인간은 스스로 발전하려는 경향이 있다고 하여 스스로 자아상을 가지게 되면 긍정적으로 기대 이상적인 자기 자신이 되기도 한다고 주장하는 학자(Albert Ellis)도 있다.

”

SCHOOL BUS

Ⅲ. 선 긋기

마치는 글

인류문명의 발달을 따라가면 언어가 있고 언어는 추상적일 수 있다.

영유아들에게 있어서 주변세상은 선명하지 않고 투명하지도 않다.(0~3세)

어렴풋한 주변에서 상상력을 키운다.(3~5세)

아이들은 초점 안 맞은 카메라처럼, 구름 속에 숨어 있는 햇빛처럼 숨겨져 있는 자아를 가지고 있다가 아이가 사는 세상을 인지하고 잠자고 있는 능력을 깨우는 시기가 온다.(5~7세)

잠을 자고 있을 때 공포스런 주변소리에 놀라 깨어난 적이 있을 것이다.

이런 시기를 최소화하기 위하여 학교가기 연령의 아이들에게 평화롭게 깨어날 수 있도록 환경을 제공하고자 하는 활동으로, 선긋기와 한글이란 제목아래 아이의 주변세상을 마주하여 일상에서, 생활 속에서, 자연에서 호기심을 가지고 탐색하여 아하! 를 발견하도록 함이다.

외부의 것들을 인식하고(외부의 것들이 내면으로),

내 안으로 들어와 감정이 생겨(내면화),

내 안에서 세상바깥으로 내보내는 행동을 한다.(내면에서 외부로)

세상이 내 안으로 들어와 내가 되어(고유성) 주변세상을 변경할 수 있는 힘이 생겨난다.

자신 안의 힘을 스스로 이해하려는 노력 없이 사는 사람은 자신의 의지를 대신에 다른 사람의 뜻을 받아들일 때 다른 사람이 진심인지 아닌지를 알아차릴 수 있는 건강한 마음의 힘은 잃어버려 바깥세상의(목소리 큰 사람) 거짓말과 속임수에 희생물이 될 수 있다.

희생물이 되는 사람들은 자신 안의 건강한 힘을 불러내는데 약하다고 느낌으로서 끌려 다니게 됨을 알게 되었다.

사회적 위치에 맞지 않은 행동인 폭력과 폭언을 난무하며 인간의 탈을 쓰고 비인간적인 행동을 하고도 양심의 가책 없는 그런 인간에 대항할 용기가 없어 희생물이 될 수 밖에 없는 사람들에게 맞는 내용을 소개한다. "누구도 누굴 함부로 할 순 없어, 그럴 권리는 아무도 없는 거란다. 그건 죄야"라는 드라마 작가의 글로서 정리할 수 있겠다.(유퀴즈 온더 블록에 출현한 윤여정 인터뷰)

어려서부터 아이들에겐(학령 전 연령) 자신의 지성을 믿고 판단할 수 있는 건강한 사고력을 길러주는 건강한 환경을 만들어주고 싶다. 지성의 힘으로 인간성을 잃어버림에 관대해지면 안 되고 그렇다고 남을 위한 무조건적인 헌신이나 희생을 말하는 것도 아니다. 이기적이지 않은 지성인과 그의 건강한 생각이 곧 의식 있는 행동에서 보여져 어릴 때 인간 내면의 힘을 키워 훗날 옳지 않은 외부세계를 변화시키고, 바꿀 수 있는 행동 하는 사고력을 키우는데 힘을 모으고자한다.

아이들의 주변세상을 인지하도록 하여 자연의 경이로움과 세상에 대해 호기심으로 세상과 맞닿을 때 건강한 힘이 작동될 수 있도록 기회를 제공하였으면 한다.

산촌이면 산촌에 맞게 농촌이면 농촌에 맞게 어촌이면 어촌에 맞는 대상들을 주변 자연에서 찾아 아이들의 호기심을 끌어 올릴 수 있다면 충분하다.

이러한 힘을 키워 학교로 나아간다면 추상적인 것들을 이해하는데 도움이 될 것으로 믿고 있다. 아이들에게 지식이나 정보를 알려주는 인지 교육을 하는 곳은 많지만 아이들이 살고 있는 주변에서 찾아내고 발견하여 사고력을 길러주는 교육은 많지 않으므로 받아들이는 것은 아이들마다 다를 것임은 명백한 사실이다.

그것에 맞게 교사가 능동적이어야 한다.

세상에 존재하고 있는 사실들을 알려주고자 하는 교육이 바로 발도르프 교육이다. 교사가 끊임없는 자기 교육을 해야 하는 것 또한 발도르프 교사역할이다.

유아발달의 이론적 근거는 받아들이고 현실을 감안한 교육현장을 만들어 지식으로만 전달이 아닌 사실을 인지하여 자연의 경이로움을 깨닫고 주변생활 속에서 아~~하로 알아가는 호기심을 인지와 결합, 연결하여 아이들 자신과 만남을 돕고자한다.

한글의 의미와 뜻은 '훈민정음 해래본'에서 찾고 아동발달의 이론적 근거와 방법론은 발도르프 교육방법을 활용하였다.

예를 들어 'ㄱ'과 'ㅋ'의 경우 기울면서 성장하는 의미를 가진 그림을 찾으려 하며 몸놀이, 이야기, 노래, 그림 등등 예술적인 발도르프 교육방법론으로 표현하도록 했다.

발도르프 학교에선 1학년부터 형태그리기 있는데, 형태 그리는 예술성과 공간성 그리고 기학학적인 형태 경험을 목표로 한다.

움직임과 연관된 감각을 사용한 꾸준한 상위단계 수업과정은 인체공학적 및 기하학적인 기초를 제시하는데 저학년의 활동은 쓰기의 연습과정의 하나로서 활용되어지기에 한글공부를 위한 선긋기를 연습으로 도입하였다.

한글쓰기에 불필요한 형태그리기는 취학전 연령을 대상으로 하는 교육이라 배제하였다.

주변에 똑똑한 사람을 많이 만나지만 그들이 가진 지성은 정보와 지식이었다.

그들의 정보과 지식은 4차 산업의 발달로 검색하여 쉽게 얻을 수 있는 정보가 많다. 사람다운 사람이 갖고 있는 정보나 지식에는 향기가 나 듣는 사람의 생명감각을 편안하게 해준다. 아는 것이 많아 떠드는 사람들의 말에 귀를 쫑긋 세우고 잘 듣고 그를 이해하기 위해 질문을 자주 하게 된다. 하지만 그들의 행동을 관찰하게 되면 아는 것과 행동은 다르다는 것을 경험하였기에

아는 만큼 행동하는 사람에 대한 혜안은 나에게 있다.

그래서 내가 누구이고 지금 여기에 내가 왜 있는지를 배워야한다.

훈훈하고 따뜻한 사람으로 지식은 삶의 혜안으로 담아 말보다 행동을 하는 사람이 되도록 하고 그런 사람들과 어울리며 후반기 생애를 보내고 싶다.

19살이란 나이에 발도르프를 만나 한국에서 23년 현장 경험을 통해 얻은 것들을 용기 내어 적었다. 경험을 통해 삶의 지혜를 얻을

수 있었고 나이가 들어감에 따라 지난 삶의 이유도 어렴풋이나마 이해할 수 있는 나이가 되었으며,

'36개월 아이들을 만나면 아이들의 신체, 언어, 사고 발달, 4세(만2세) 부터 5, 6세(만 3~4세) 아이들에게 상상력, 창의력 발달, 7세(만4세) 부터 단계별 생각하기, 논리적사고하기, 이성적 사고발달에 대한 관찰 가능하고 감각적 활동을 통한 균형 있는 신체발달이 되도록 하고, 꿈꾸는 감성으로 따뜻한 마음을 가지도록 하며, 단계별 사고로 아이들의 생각을 깨우는 목표로서 감각에서 감성으로 감성에서 사고로의 발전을 해야함.'을 알았다.

살아있는 동안 새로운 것에 도전하여 끊임없이 노력해야 한다.

매번 다시 새롭게 또 태어나야 한다.

한국 발도르프 교육으로, 우리 모두 다 같이 어울려 올바른 교육방법으로 함께 연구하는 동료가 되어 달라고 용기를 내어 말을 건네고자 이 책을 쓰게 되었다.

인간의 사고는 유연하며, 교사들의 성향도 각각 다르다. 하지만 교사가 어떤 사람이고, 교사 자신의 주의력과 온기는 가르치는 아이들에게 교육적으로 엄청난 영향을 준다.

아이들의 건강한 신체발달을 교육 원칙에 있다.

건강한 신체발달을 자극하여 신체 안에 있는 영혼과 정신의 활동

이 외부로 실현되도록 돕는 교육적 환경을 제공해 주고자 한다.

인간 신체 성장의 힘이 지적인 힘으로 변형되는 '이갈이' 활동 및 역동적인 힘의 활동인 움직임과 그림 그리기 등을 통한 사고활동을 관찰하게 된 후 마지막 졸업학기에는 사고하기의 한 방법으로 자연스럽게 한글 만남을 가져도 된다고 생각한다.

교사는 항상 깨어 있어 생명력과 생동감을 교실 공간에 그리고 아이들 감성에 스며들 수 있어야 한다. 최선의 노력을 다 했을 때 어떠한 결과에도 후회가 없더라.

우리 모여 자연에서 찾아보는 주의력으로 자연스럽게 한글과 접할 수 있는 고민과 경험으로 글자 하나하나에 대한 자세한 활동들도 기록할 수 있기를 앞으로 기대해 본다.

참고 문헌

* 이경랑(2011), 놀이와 놀잇감, 도서출판 신화전산기획
* 박규현(2017), 하늘에서 온 글, 수신제
* 루돌프 슈타이너(2019), 금욕주의와 질병, 슈타이너교육예술연구소
* 김명호(2005), 한글을 만든 원리, 학고재
* 루돌프 슈타이너(2019), 영양과 건강 1, 2, 슈타이너교육예술 연구소
* 신시아 머피-랭(2021), 발도르프 유아 교사의 아동 관찰, 슈타이너 연구소
* 세바시 몰아보기/김누리외, 2022년에도 임팩트를 이어갈 세바시 스토리
* 욥 에켄붐(2021), 오드리 맥앨런의 도움수업이해, 푸른씨앗
* 이태오(2015), 한글 6천년, 정신세계사
* 고종석(2013), 언문세설, 새움
* 미하엘라 글뢰클러(2021), 발도르프 치유교육, 한국인지학출판사
* AnnaBammerlin(2015) DerSchriftspracherwerbander Waldorfschule Methodenvielfalt im Schreib-und Leseunterricht, Diplomarbeit zur Erlangung des Diploms I
* Cornelia Fabricius(2005), Mit kindern Formen Zeichnen, Oratio
* Babette Heuer. Mascha Teske(2011), Die wunderbare Reise durch die Welt der Buchstaben.
* Ernst Michael Kranich 외(2000), Formenzeichnen, Freies Geistesle -ben.

* B.C.J.Lievegoed(1976), Entwicklungsphasendes Kindes,J.CH. Mellinger.
* Ernst Schuberth(2016), Das Formenzeichnen als taetige Germetrie in den Klassen 1 bis 4, Geistesleben.
* Erika Duehnfort, Ernnst Michael Kranich : Der Anfangsunterricht im Schreiben und Lesen. Geistesleben.
* Norbert Glas(1975), Gefaehrdung und Heilung der Sinne. Mellinger
* Rudolf Steiner(1968), Allgemeine Menschenkunde, Rudolf Steiner Verlag, Dornach.
* Waldorfschule_landshut, wann wird das Kind schulrief?
* www.wladorf-idee-pool.de/Formsammelung/Gerade-Formen.
* 행동수정(2022), 임정아 인터넷 강의

저자약력

이 경 랑

학력) 강남대학교 교육대학원 석사
경력) 독일 Kassel유치원 교사
자유 발도르프 어린이집 원장
자유 발도르프 미술학원 원장
(사) 한국발도르프 교육협회 부설 유아교육기관 교육원장
독일 ㈜Heroal 부설 유치원 컨설턴트 교사
킨더슈트베 음악미술 놀이학원 교육원장
강동대학교 유아교육과 외래교수
자격) 독일 유치원 정교사 자격증
한국 유치원 정교사 2급
보육교사 1급
보육시설장
아동미술심리상담사
사회복지사 2급

우리글 자연에서 만나기

학령 전 유아들과 자연에서 한글 찾아보기

인쇄 2022년 4월 1일
발행 2022년 4월 6일

저자 이경랑 저
발행인 임 영 철
발행처 도서출판 신화전산기획
주소 서울시 중랑구 신내역로 111, B동 226호
전화 02-833-5145~6 / **팩스** 02-848-2498
등록번호 301-2010-034
홈페이지 shj.co.kr

정가 15,000원 **ISBN** 978-89-5534-265-9 03370